This book belongs to

MA++hew

With special thanks to the following people
for their help with translations:

Sylvia Pellarolo, *C.Phil. in Hispanic Languages, U.C.L.A.*
Dominique Abensour, *C.Phil in French and English Languages, U.C.L.A.*
Wolfgang Doering, *C.Phil. in Germanic Languages, U.C.L.A.*

A Rooster Book/September 1994

"Rooster Books" and the portrayal of a rooster are trademarks of
Bantam Doubleday Dell Publishing Group, Inc.

Manufactured in the U.S.A.

Rooster Books are published by Bantam Doubleday Dell Books for Young Readers,
a division of Bantam Doubleday Dell Publishing Group, Inc., 1540 Broadway, New York, NY 10036.

My Family and Friends

Illustrations by Lisa-Theresa Lenthall

Rooster Books

BANTAM DOUBLEDAY DELL
NEW YORK • TORONTO • LONDON • SYDNEY • AUCKLAND

mother (**MUHTH**-er)

la madre (lah **MAH**-dreh)

la mère (lah **MAYR**)

die Mutter (dee **MUT**-tuh)

father **(FAHTH**-er)

el padre (ehl **PAH**-dreh)

le père (luh **PAYR**)

der Vater (dehr **FAH**-tuh)

sister (**SIHS**-ter)

la hermana (lah ehr-**MAH**-nah)

la sœur (lah **SUHR**)

die Schwester (dee **SHVES**-tuh)

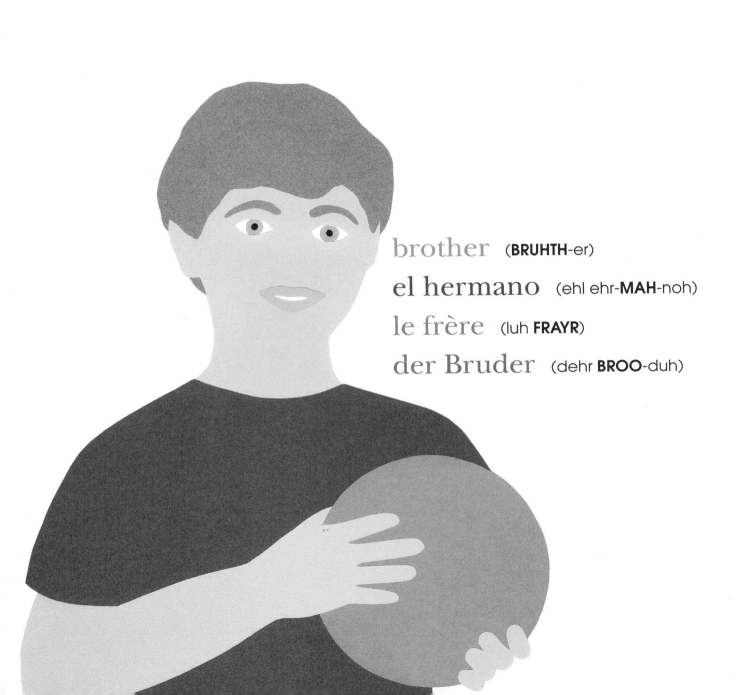

brother **(BRUHTH**-er)

el hermano (ehl ehr-**MAH**-noh)

le frère (luh **FRAYR**)

der Bruder (dehr **BROO**-duh)

aunt (**AANT**)

la tía (lah **TEE**-yah)

la tante (lah **TAHNT**)

die Tante (dee **TUN**-tuh)

uncle (**UHN**-kuhl)

el tío (ehl **TEE**-oh)

l'oncle (**LON**-cluh)

der Onkel (dehr **ON**-kuhl)

cousin (**KUHZ**-uhn)

el primo (ehl **PREE**-moh)

le cousin (luh **KOO**-zan)

der Vetter (dehr **FET**-tuh)

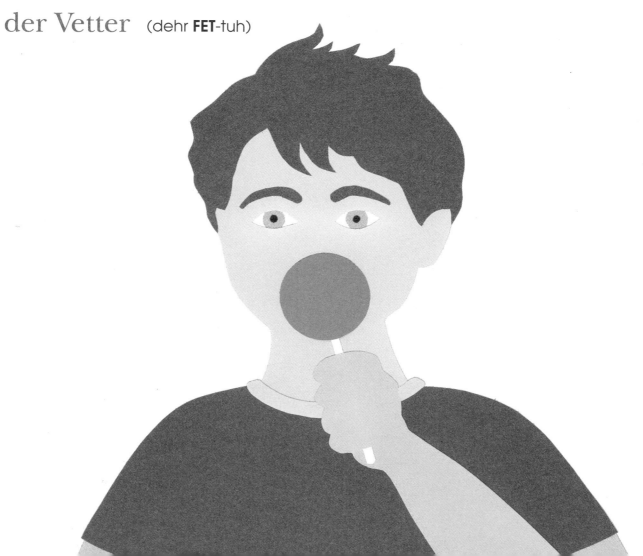

grandfather
(**GRAAN**-fahth-er)

el abuelo
(ehl ah-**BWEH**-loh)

le grand-père
(luh grahn-**PAYR**)

der Großvater
(dehr **GROHS**-fah-tuh)

cat (**KAT**)

el gato (ehl **GAH**-toh)

le chat (luh **SHAH**)

die Katze (dee **KUT**-suh)

dog (**DAWG**)

el perro (ehl **PEH**-roh)

le chien (luh shee-**AN**)

der Hund (dehr **HOOHNT**)

teacher (**TEE**-cher)

la maestra (lah mah-**EHS**-trah)

la maîtresse (lah **MAY**-trehs)

die Lehrerin (dee **LEH**-ruh-rihn)

librarian
(liy-**BREHR**-ee-uhn)

el bibliotecario
(ehl bee-blee-oh-teh-**KAH**-ree-oh)

le bibliothécaire
(luh **BEE**-blee-oh-tay-**KAYR**)

der Bibliothekar
(dehr **BEE**-blee-oh-tay-**KAH**)

fire fighter
(**FIYER** fiyt-er)

el bombero
(ehl bom-**BEH**-roh)

le pompier
(luh **PUHM**-pee-yay)

der Feuerwehrmann
(dehr **FOY**-uh-veh-uh-mun)

police officer
(puh-**LEES AHF**-uh-ser)

la agente de policía
(lah ah-**HEHN**-teh deh poh-lee-**SEE**-yah)

la policière
(lah puh-**LEE**-see-ayr)

die Polizistin
(dee poh-lih-**TSIHS**-tihn)

doctor
(**DAHK**-ter)

el médico
(ehl **MEH**-dee-koh)

le médecin
(luh **MEHD**-san)

der Arzt
(dehr **AHTST**)

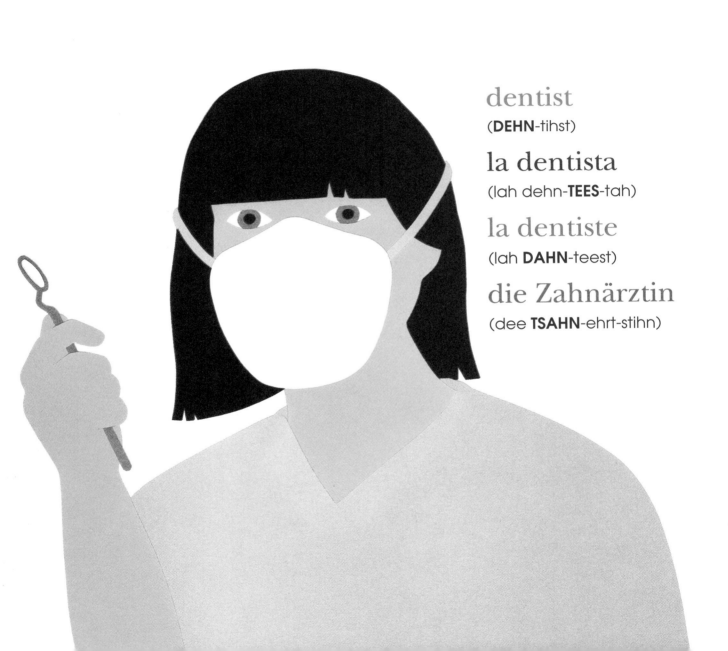

dentist
(**DEHN**-tihst)

la dentista
(lah dehn-**TEES**-tah)

la dentiste
(lah **DAHN**-teest)

die Zahnärztin
(dee **TSAHN**-ehrt-stihn)